Género Ficción realista

I0799134

Pregunta esencial
¿Qué tradiciones conoces?

¡Salta, Lara!

Sarah Hughes
ilustrado por Gene Barretta

Capítulo 1
La cuerda

—¡Recreo! —gritó Lara a viva voz.

Lara iba hacia los columpios cuando Cata la llamó:

—¡Lara! Vamos a saltar la cuerda.

A Lara esa idea no le gustaba para nada. Pero antes de que pudiese abrir la boca, Tito y Pepe ya habían agarrado los extremos de la cuerda.

Ambos la giraban mientras Cata saltaba.

Era el turno de Lara, pero no se atrevía a hacerlo. Finalmente, respiró hondo y se acercó a la cuerda. Cata intentaba animarla con una canción.

—Mi mamá me enseñó esta canción, escuchen —dijo Cata—: *Manzanita del Perú. ¿Cuántos años tienes tú? Todavía no lo sé... pero pronto lo sabré 1, 2, 3, 4, 5, 6, 7...*

Tito y Pepe comenzaron a girar la cuerda. Cuando Lara entró, la cuerda se le enredó en los tobillos.

Los niños se miraron. Ambos estaban realmente sorprendidos.

—No sé saltar la cuerda, me parece muy difícil —dijo Lara.

Luego, Lara y sus amigos fueron a la casa de Pepe. Allí también saltaron la cuerda.

Era el turno de Tito.

—Escuchen, amigos. Esta canción me la enseñó mi papá: *Salta que te salta... salta con un amigo. Ven, Cata, te invito a saltar conmigo* —cantó Tito.

—¡Qué divertido! Nunca había saltado con otra persona —dijo Cata—. Inténtalo, Lara.

—Sí... me gustaría... pero... —dijo Lara, que no tenía buen aspecto y parecía nerviosa.

La mamá de Pepe llamó a los niños:

—¡Niños, vengan a tomar agua!

Detective del lenguaje Divide la oración subrayada en sujeto y predicado.

Capítulo 2
Un descanso

Los niños se apresuraron. Estaban muy cansados de tanto saltar.

—Gracias —dijo Lara mientras la mamá de Pepe le servía agua.

—¿Tú también saltabas la cuerda cuando tenías nuestra edad? —le preguntó Pepe a su mamá.

—No solo yo. También mi mamá y mi abuela saltaban la cuerda cuando eran chicas —respondió con una sonrisa.

—¿Quién inventó este juego? —preguntó Pepe, con curiosidad.

—Nadie lo sabe. Algunas canciones vienen de España, otras se crearon en América hace mucho —respondió la mamá de Pepe.

—Entonces se trata de una tradición antigua —dijo Lara.

—Así es —dijo la mamá de Pepe.

Los niños agradecieron el agua y corrieron al patio.

—¿Vienes, Lara? —preguntó Cata.

—Comiencen sin mí. Prefiero tomar un poco más de agua —dijo Lara.

Capítulo 3 ¡A practicar!

Al día siguiente, los niños vieron un cartel en la escuela. ¡Era su oportunidad!

—Yo soy un lector frecuente de la biblioteca, me gustaría ayudar —dijo Pepe.

—¿Te animas, Lara? —preguntó Pepe.

—No sé saltar. Y no quiero que nadie se ría de mí —dijo Lara.

—No te preocupes. Entre todos te ayudaremos —prometió Cata.

—Quizás ese día llueva y se suspendan todas las actividades —dijo Lara.

—Si ese día llueve, ¡saltaré con paraguas e impermeable! —dijo Pepe, y todos rieron.

Después de clase, los niños se juntaron para practicar.

—Primero, prueba a saltar sin la cuerda. Eso te dará más libertad —dijo Cata.

—Dobla las rodillas e impúlsate con los pies —dijo Pepe, que se sentía como un entrenador profesional.

—Ahora haz un salto largo y luego uno más corto —dijo Tito.

Lara seguía al pie de la letra las indicaciones de sus amigos.

—Ahora usemos la cuerda y verás lo fácil que es —prometió Cata.

Finalmente llegó el día... Era el momento de saltar.

La directora de la escuela dijo algunas palabras antes de empezar:

—Gracias por venir y ayudarnos con la compra de libros. Tenemos saltadores expertos. En sus marcas... ¿Listos? ¡A saltar!

Lara estaba muy concentrada y su corazón latía a toda prisa.

Detective del lenguaje ¿Cuál es el predicado de la oración subrayada?

Cata y Pepe hacían girar la cuerda.

Lara pensó: "Es el momento... espero hacerlo bien. *Salto corto, salto largo, salto corto, salto largo...*".

Mientras pensaba, se dio cuenta de que estaba saltando muy bien.

—¡Buen trabajo! —dijo Pepe. Sus amigos no dejaban de animarla.

—Nunca pensé que sería tan divertido. ¡Hagámoslo otra vez el próximo año! Será nuestra propia tradición —dijo Lara.

Respuesta a la lectura

Volver a contar

Vuelve a contar *¡Salta, Lara!* con tus propias palabras.

Pista
↓
Pista
↓
Pista
↓
Tema

Evidencia en el texto

1. ¿Cómo se siente Lara por tener que saltar la cuerda al principio del cuento? ¿Cómo se siente al final? **Tema**
2. ¿Cuál es el tema del cuento? **Tema**
3. ¿Cómo sabes que *¡Salta, Lara!* es un cuento de ficción realista? **Género**

Género **No ficción**

Compara los textos

Compara distintos juegos típicos del recreo.

Cuatro cuadras

Spencer Grant/PhotoEdit

Cuatro cuadras se juega en un cuadrado dividido en cuatro cuadrados más pequeños. Cada cuadrado tiene un número o letra: 1, 2, 3, 4 o A, B, C, D. Cada jugador se para sobre un cuadrado. El jugador del cuadrado 1 o A comienza. La meta es ser la última persona parada en el cuadrado 1 o A.

Una quinta jugadora espera su turno.

Michelle D. Bridwell/PhotoEdit

Las reglas de Cuatro cuadras.

1 La persona en el cuadrado I o A le lanza la pelota a otro jugador.

2 El segundo jugador le lanza la pelota a otro jugador. La pelota solo puede rebotar una vez y no puede pasarse de los límites del cuadrado mayor.

3 Si un jugador no atrapa la pelota, o la lanza fuera del límite marcado, debe salir del cuadrado.

4 Los otros jugadores avanzan hacia el cuadrado I o A.

Haz conexiones

¿En qué se parece *Cuatro cuadras* a *¡Salta, Lara!*? **El texto y otros textos**

Enfoque: Género

Ficción realista Un cuento de ficción realista presenta sucesos, ambientes y personajes inventados, pero similares a los de la vida real.

Lee y descubre Los personajes de *¡Salta, Lara!* van a la escuela y en el recreo juegan a saltar a la cuerda. Los niños reales también hacen esas cosas.

Tu turno

Piensa en un juego que te guste jugar con tu familia o amigos. Escribe un cuento sobre niños que jueguen a ese juego. Ilustra tu cuento.